親鸞聖人坐像（松寿山祐西寺蔵）

≪まえがき≫

『正信偈《しょうしんげ》』の正式名称《せいしきめいしょう》『正信念仏偈《しょうしんねんぶつげ》』は、御開山親鸞聖人《ごかいさんしんらんしょうにん》が著《あら》わされたお聖教《しょうぎょう》です。「偈《げ》」とは「偈頌《げじゅ》」のことで、『教行信証《きょうぎょうしんしょう》』「行《ぎょう》の巻《まき》」の末尾《まつび》に詠《えい》じられた〝歌《うた》〟です。それは七文字《ななもじ》を一句《いっく》とし、全部《ぜんぶ》で六十行百二十句《ろくじゅうぎょうひゃくにじっく》の構成《こうせい》になっています。この詠歌《えいか》に流《なが》れる法味《ほうみ》の調《しら》べは、親鸞聖人《しんらんしょうにん》のお念仏《ねんぶつ》をよろこばれるお心《こころ》として響《ひび》いてまいります。更《さら》に、阿弥陀如来《あみだにょらい》さまの救《すく》わずにはおれないご本願《ほんがん》のおはたらきと、七高僧《しちこうそう》さまのお伝《つた》えくださった真実《しんじつ》の教《おし》えに導《みちび》かれ、仏徳讃嘆《ぶっとくさんだん》されるお心《こころ》も共《とも》に伝《つた》わってまいります。

本書《ほんしょ》では、韻文形式《いんぶんけいしき》である〝歌《うた》〟を、全文通《ぜんぶんとお》し読《よ》みできるよう散文形式《さんぶんけいしき》の物語風《ものがたりふう》にし、親《した》しみやすくわかりやすい現代文口語体《げんだいぶんこうごたい》で意訳《いやく》してあります。

―親鸞聖人偈頌意訳本―

正信念仏物語

法藏館

『正信念仏偈《しょうしんねんぶつげ》』＝仏《ほとけ》さまの救《すく》わずにはおれないおはたらきであるお念仏《ねんぶつ》を、正《ただ》しい信心《しんじん》の教《おし》えとして仰《あお》ぎ、仏《ほとけ》さまのお徳《とく》を讃《たた》える歌《うた》。

「依経段《えきょうだん》」＝『大無量寿経《だいむりょうじゅきょう》』によって説《と》かれた仏《ほとけ》さまのお徳《とく》を讃《たた》える段落《だんらく》①〜④

「依釈段《えしゃくだん》」＝七高僧《しちこうそう》さまの解釈《かいしゃく》によって伝《つた》えられたお諭《さと》しを讃《たた》える段落《だんらく》⑤〜⑪

①

帰《き》命《みょう》無《む》量《りょう》寿《じゅ》如《にょ》来《らい》・南《な》無《も》不《ふ》可《か》思《し》議《ぎ》光《こう》・法《ほう》蔵《ぞう》菩《ぼ》薩《さつ》因《いん》位《に》時《じ》・

在《ざい》世《せ》自《じ》在《ざい》王《おう》仏《ぶっ》所《しょ》・覩《と》見《けん》諸《しょ》仏《ぶつ》浄《じょう》土《ど》因《いん》・国《こく》土《ど》人《にん》天《でん》之《し》善《ぜん》悪《まく》・

建《こん》立《りゅう》無《む》上《じょう》殊《しゅ》勝《しょう》願《がん》・超《ちょう》発《ほっ》希《け》有《う》大《だい》弘《ぐ》誓《ぜい》・五《ご》劫《こう》思《し》惟《ゆい》之《し》摂《しょう》受《じゅ》・

重《じゅう》誓《せい》名《みょう》声《しょう》聞《もん》十《じっ》方《ぽう》・

— 阿弥陀如来《あみだにょらい》 —

①まず、量《はか》り知《し》れない寿命《じゅみょう》と限《かぎ》りない光明《こうみょう》の阿弥陀如来《あみだにょらい》さまを信《しん》じ、心《こころ》から仰《あお》ぎお敬《うやま》い申《もう》し上《あ》げます。それは阿弥陀《あみだ》さまが智慧《ちえ》と慈悲《じひ》の不思議《ふしぎ》な光《ひかり》を放《はな》ち、いつどこでも私《わたし》たちの迷《まよ》いの心《こころ》に照《て》らしてくださっているからです。ですから、阿弥陀如来《あみだにょらい》という仏《ほとけ》さまを心《こころ》の拠《よ》り所《どころ》として、お任《まか》せせずにはおれません。

さて、阿弥陀《あみだ》さまが法蔵菩薩《ほうぞうぼさつ》と名乗《なの》っておられた時《とき》、師《し》と慕《した》われていた世自在王仏《せじざいおうぶつ》の所《ところ》で説法《せっぽう》を聴《き》かれました。そして、お浄土《じょうど》の成《な》り立《た》ちや、その国土《こくど》に住《す》む人《ひと》たちの善《よ》し悪《あ》しを見極《みきわ》められたのです。それを機《き》にこの上《うえ》ない勝《すぐ》れた願《ねが》いを建《た》てられました。それは稀《まれ》にみる超越《ちょうえつ》した広大《こうだい》な誓《ちか》いでした。その誓《ちか》いは五劫《ごこう》というとても長《なが》い時間《じかんかんが》考え選《えら》びぬかれ、苦悩《くのう》する人々《ひとびと》を救《すく》わずにおれない願《ねが》いでした。それは南無阿弥陀仏《なもあみだぶつ》というお名号《みょうごう》によって救《すく》われる、尊《とうと》いご本願《ほんがん》だったのです。そこで、このお名号《みょうごう》のいわれを十方世界《じっぽうせかい》に広《ひろ》め、聞《き》かせたいと重《かさ》ねて誓《ちか》われました。

②

普《ふ》放《ほう》無《む》量《りょう》無《む》辺《へん》光《こう》・無《む》㝵《げ》無《む》対《たい》光《こう》炎《えん》王《のう》・清《しょう》浄《じょう》歓《かん》喜《ぎ》智《ち》慧《え》光《こう》・

不《ふ》断《だん》難《なん》思《じ》無《む》称《しょう》光《こう》・超《ちょう》日《にち》月《がっ》光《こう》照《しょう》塵《じん》刹《せつ》・一《いっ》切《さい》群《ぐん》生《じょう》蒙《む》光《こう》照《しょう》・

本《ほん》願《がん》名《みょう》号《ごう》正《しょう》定《じょう》業《ごう》・至《し》心《しん》信《しん》楽《ぎょう》願《がん》為《に》因《いん》・成《じょう》等《とう》覚《がく》証《しょう》大《だい》涅《ね》槃《はん》・

必《ひっ》至《し》滅《めつ》度《ど》願《がん》成《じょう》就《じゅ》・

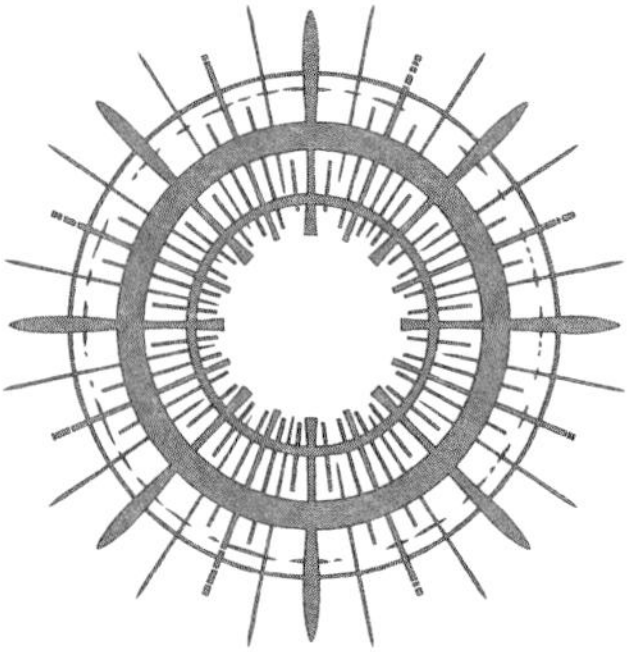

―後《ご》光《こう》―

②

ところで、阿弥陀《あみだ》さまのおはたらきである光明《こうみょう》をくわしく申《もう》しますと、量《はか》り知《し》れず尽《つ》きることのない光《ひかり》・届《とど》かぬ所《ところ》のない広大《こうだい》な光《ひかり》・何《なに》ものにも妨《さまた》げられない光《ひかり》・他《ほか》と比《くら》べものにならない光《ひかり》・すべての迷《まよ》いを炎《ほのお》で燃《も》やし尽《つ》くす光《ひかり》の王《おう》さま・欲《よく》ばりの心《こころ》を除《のぞ》き清《きよ》らかにする光《ひかり》・憎《にく》しみ怒《いか》る心《こころ》を消《け》して喜《よろこ》びに変《か》える光《ひかり》・迷《まよ》いに満《み》ちた心《こころ》を滅《ほろ》ぼす智慧《ちえ》の光《ひかり》・休《やす》まず絶《た》えることのない光《ひかり》・人間《にんげん》の考《かんが》えも及《およ》ばない光《ひかり》・ことばで表現《ひょうげん》できない光《ひかり》・太陽《たいよう》や月《つき》の輝《かがや》きも超《こ》えた光《ひかり》です。これら十二《じゅうに》の光《ひかり》は迷《まよ》える人々《ひとびと》を救《すく》おうと、あらゆる世界《せかい》に放《はな》たれ照《て》らされています。それらの光明《こうみょう》は生《い》きとし生《い》けるすべてのものに分《わ》け隔《へだ》てなく、いつどこででも照《て》らすおはたらきです。このようなおはたらきである南無阿弥陀仏《なもあみだぶつ》のお名号《みょうごう》を心《こころ》から信《しん》じ、阿弥陀《あみだ》さまの尊《とうと》いご本願《ほんがん》にお任《まか》せすれば、仏《ほとけ》に成《な》る身《み》として救《すく》われるのです。その願《ねが》いこそ、必《かなら》ずお浄土《じょうど》でこの上《うえ》ない悟《さと》りを開《ひら》かせていただける誓《ちか》いなのでした。

③

如《にょ》来《らい》所《しょ》以《い》興《こう》出《しゅっ》世《せ》・唯《ゆい》説《せつ》弥《み》陀《だ》本《ほん》願《がん》海《かい》・五《ご》濁《じょく》悪《あく》時《じ》群《ぐん》生《じょう》海《かい》・

応《おう》信《しん》如《にょ》来《らい》如《にょ》実《じつ》言《ごん》・能《のう》発《ほつ》一《いち》念《ねん》喜《き》愛《あい》心《しん》・不《ふ》断《だん》煩《ぼん》悩《のう》得《とく》涅《ね》槃《はん》・

凡《ぼん》聖《じょう》逆《ぎゃく》謗《ほう》斉《さい》回《え》入《にゅう》・如《にょ》衆《しゅ》水《しい》入《にゅう》海《かい》一《いち》味《み》・摂《せっ》取《しゅ》心《しん》光《こう》常《じょう》照《しょう》護《ご》・

已《い》能《のう》雖《すい》破《は》無《む》明《みょう》闇《あん》・貪《とん》愛《ない》瞋《しん》憎《ぞう》之《し》雲《うん》霧《む》・常《じょう》覆《ふ》真《しん》実《じつ》信《しん》心《じん》天《てん》・

― 釈迦如来《しゃかにょらい》 ―

③

そもそも、釈迦如来《しゃかにょらい》がこの世《よ》にお出《で》ましになったのは、もっぱら阿弥陀《あみだ》さまの救《すく》わずにおれない、尊《とうと》いご本願《ほんがん》を説《と》くためでした。ですから、五《いつ》つの濁《にご》った時代《じだい》や社会《しゃかい》に住《す》む私《わたし》たちは、お釈迦《しゃか》さまの真実《しんじつ》のお言葉《ことば》を信《しん》じなければなりません。なぜなら、一度《いちど》阿弥陀《あみだ》さまの誓《ちか》いのいわれをよく聞《き》いて、お任《まか》せする喜《よろこ》びの心《こころ》を起《お》こしたならば、迷《まよ》いの煩悩《ぼんのう》を断《た》たないまま、仏《ほとけ》の悟《さと》りが得《え》られるからです。それは苦悩《くのう》の迷《まよ》いに満《み》ちた私《わたし》たち凡夫《ぼんぶ》も、苦悩《くのう》を断《た》って悟《さと》った聖者《せいじゃ》も、仏《ほとけ》さまの教《おし》えに逆《さか》らう者《もの》も、すべて等《ひと》しく救《すく》われることでした。その救《すく》いを喩《たと》えるなら、様々《さまざま》な川《かわ》の水《みず》が大《おお》きな海《うみ》に流《なが》れ入《はい》り、一《ひと》つの同《おな》じ味《あじ》となるようにすべて平等《びょうどう》なのです。こうして仏《ほとけ》さまの光明《こうみょう》は、いつも信《しん》心《じん》をいただく私《わたし》たちを、救《すく》い取《と》ろうと照《て》らし護《まも》っておられるのです。けれども、迷《まよ》いの闇《やみ》が破《やぶ》られたとは言《い》え、貪《むさぼ》り・怒《いか》り・憎《にく》しみの心《こころ》は、まるで雲《くも》や霧《きり》のように、いつも真実《しんじつ》を信《しん》ずる心《こころ》を覆《おお》い隠《かく》すのです。

④

譬《ひ》如《にょ》日《にっ》光《こう》覆《ふ》雲《うん》霧《む》・雲《うん》霧《む》之《し》下《げ》明《みょう》無《む》闇《あん》・獲《ぎゃく》信《しん》見《けん》敬《きょう》大《だい》慶《きょう》喜《き》・

即《そく》横《おう》超《ちょう》截《ぜつ》五《ご》悪《あく》趣《しゅ》・一《いっ》切《さい》善《ぜん》悪《まく》凡《ぼん》夫《ぶ》人《にん》・聞《もん》信《しん》如《にょ》来《らい》弘《ぐ》誓《ぜい》願《がん》・

仏《ぶつ》言《ごん》広《こう》大《だい》勝《しょう》解《げ》者《しゃ》・是《ぜ》人《にん》名《みょう》分《ふん》陀《だ》利《り》華《け》・弥《み》陀《だ》仏《ぶつ》本《ほん》願《がん》念《ねん》仏《ぶつ》・

邪《じゃ》見《けん》憍《きょう》慢《まん》悪《あく》衆《しゅ》生《じょう》・信《しん》楽《ぎょう》受《じゅ》持《じ》甚《じん》以《に》難《なん》・難《なん》中《ちゅう》之《し》難《なん》無《む》過《か》斯《し》・

―白蓮華《びゃくれんげ》―

④

たとえ太陽《たいよう》の光《ひかり》が雲《くも》や霧《きり》で覆《おお》い隠《かく》されようとも、光明《こうみょう》はその下《した》の闇《やみ》を突《つ》き破《やぶ》り、心《こころ》の中《なか》まで照《て》らし護《まも》ってくださるのです。こうして阿弥陀《あみだ》さまの願《ねが》いを信《しん》じて敬《うやま》い喜《よろこ》ぶ身《み》になると、すぐさま五《いつ》つの迷《まよ》いの世界《せかい》を超《こ》え、極楽《ごくらく》浄土《じょうど》に至《いた》れます。徳《とく》を積《つ》む善人《ぜんにん》も悪人《あくにん》も分《わ》け隔《へだ》てなく皆《みな》、阿弥陀《あみだ》さまの救《すく》わずにはおれない誓《ちか》いと願《ねが》いを聞《き》いて信《しん》ずれば、お釈迦《しゃか》さまや多《おお》くの仏《ほとけ》さま方《がた》は、広大《こうだい》な智慧《ちえ》をいただいた勝《すぐ》れ者《もの》とほめ讃《たた》え、その人《ひと》たちを白蓮華《びゃくれんげ》と名付《なづ》けてくださいます。阿弥陀《あみだ》さまのお説《と》きになったお念仏《ねんぶつ》による尊《とうと》いご本願《ほんがん》は、歪《ゆが》んだ見方《みかた》や威張《いば》り高《たか》ぶる人々《ひとびと》にとって受《う》け入《い》れにくいものです。なぜなら、他力《たりき》の教《おし》えは尊《とうと》いのに、疑《うたが》いの心《こころ》や勝手《かって》な知識《ちしき》をふり回《まわ》すから、信《しん》じ喜《よろこ》ぶことが難《むずか》しくなるのです。ですから、もうこれほど難《むずか》しいことはないので、お任《まか》せする以外《いがい》にありません。このように『大無量寿経《だいむりょうじゅきょう》』で説《と》かれたお心《こころ》を味《あじ》わいますと、仏《ほとけ》さまのお徳《とく》を讃《たた》えずにはおれません。

⑤

印度西天之論家《いんどさいてんしろんげ》・中夏日域之高僧《ちゅうかじちいきしこうそう》・顕大聖興世正意《けんだいしょうこうせしょうい》・
明如来本誓応機《みょうにょらいほんぜいおうき》・釈迦如来楞伽山《しゃかにょらいりょうがせん》・為衆告命南天竺《いしゅうごうみょうなんてんじく》・
龍樹大士出於世《りゅうじゅだいじしゅっとせ》・悉能摧破有無見《しつのうざいはうむけん》・宣説大乗無上法《せんぜつだいじょうむじょうほう》・
証歓喜地生安楽《しょうかんぎじしょうあんらく》・顕示難行陸路苦《けんじなんぎょうろくろく》・信楽易行水道楽《しんぎょういぎょうしいどうらく》・
憶念弥陀仏本願《おくねんみだぶつほんがん》・自然即時入必定《じねんそくじにゅうひつじょう》・
唯能常称如来号《ゆいのうじょうしょうにょらいごう》・
応報大悲弘誓恩《おうほうだいひぐぜいおん》・

― 龍樹菩薩《りゅうじゅ ぼさつ》 ―

⑤

ところで、印度《いんど》・中国《ちゅうごく》・日本三国《にほんさんごく》にまたがる七人《しちにん》の高僧方《こうそうがた》は、阿弥陀《あみだ》さまの教《おし》えを明《あき》らかにしようと、書物《しょもつ》に著《あらわ》し受《う》け継《つ》いで来《こ》られました。まずお釈迦《しゃか》さまがこの世《よ》に出《で》られたわけは、阿弥陀《あみだ》さまの救《すく》わずにおれない願《ねが》いを、私《わたし》たちに説《と》き明《あ》かすためでした。お釈迦《しゃか》さまは印度《いんど》の楞伽山《りょうがせん》で、多《おお》くの人々《ひとびと》のために予言《よげん》されました。「南印度《みなみいんど》に龍樹《りゅうじゅ》という菩薩《ぼさつ》が現《あらわ》れ、有《あ》る無《な》しの片寄《かたよ》った見方《みかた》をことごとく打《う》ち破《やぶ》り、他力念仏《たりきねんぶつ》によるこの上《うえ》ない教《おし》えを説《と》き広《ひろ》め、自《みずか》ら疑《うたが》いなく必《かなら》ず安楽浄土《あんらくじょうど》に生《う》まれるであろう」と。この第一祖龍樹菩薩《だいいっそりゅうじゅぼさつ》は『十住毘婆沙論《じゅうじゅうびばしゃろん》』を著《あらわ》し、「自力《じりき》の行《ぎょう》は陸路《りくろ》を歩《ある》く苦難《くなん》の道《みち》、それに対《たい》し、他力《たりき》の行《ぎょう》は水路《すいろ》で船《ふね》に乗《の》るような安楽《あんらく》でやさしい道《みち》」と大別《たいべつ》されました。そして、「阿弥陀《あみだ》さまの尊《とうと》いご本願《ほんがん》をいただいたなら、すぐさま仏《ほとけ》と成《な》る身《み》が定《さだ》まるのです。ですから、いつもお名号《みょうごう》を称《とな》えて、阿弥陀《あみだ》さまの大《おお》きなお慈悲《じひ》にご恩報謝《おんほうしゃ》せねばなりません」と諭《さと》されました。

⑥

天《てん》親《じん》菩《ぼ》薩《さつ》造《ぞう》論《ろん》説《せつ》・帰《き》命《みょう》無《む》导《げ》光《こう》如《にょ》来《らい》・依《え》修《しゅ》多《た》羅《ら》顕《けん》真《しん》実《じつ》・

光《こう》闡《せん》横《おう》超《ちょう》大《だい》誓《せい》願《がん》・広《こう》由《ゆ》本《ほん》願《がん》力《りき》回《え》向《こう》・為《い》度《ど》群《ぐん》生《じょう》彰《しょう》一《いっ》心《しん》・

帰《き》入《にゅう》功《く》徳《どく》大《だい》宝《ほう》海《かい》・必《ひつ》獲《ぎゃく》入《にゅう》大《だい》会《え》衆《しゅ》数《しゅ》・得《とく》至《し》蓮《れん》華《げ》蔵《ぞう》世《せ》界《かい》・

即《そく》証《しょう》真《しん》如《にょ》法《ほっ》性《しょう》身《じん》・遊《ゆう》煩《ぼん》悩《のう》林《りん》現《げん》神《じん》通《ずう》・入《にゅう》生《しょう》死《じ》園《おん》示《じ》応《おう》化《げ》・

— 天親菩薩《てんじんぼさつ》 —

⑥

第二祖《だいにそ》、北印度《きたいんど》の天親菩薩《てんじんぼさつ》は『浄土論《じょうどろん》』という本《ほん》を著《あらわ》し、次《つぎ》のように説《と》かれました。「私《わたし》は何《なに》ものにも妨《さまた》げられない光明《こうみょう》を放《はな》つ阿弥陀《あみだ》さまを信《しん》じ、心《こころ》から仰《あお》ぎお敬《うやま》い申《もう》し上《あ》げます」と。そして、菩薩《ぼさつ》は『大無量寿経《だいむりょうじゅきょう》』の言葉《ことば》を拠《よ》り所《どころ》とし、真実《しんじつ》の教《おし》えを明《あき》らかにされました。その教《おし》えは自力成仏《じりきじょうぶつ》を超《こ》えた真実信心《しんじつしんじん》のおはたらきでした。それは阿弥陀《あみだ》さまの救《すく》わずにおれない尊《とうと》いご本願《ほんがん》により、生《い》きとし生《い》けるものすべてを救《すく》う一心《いっしん》、つまり他力《たりき》の信心《しんじん》を明《あき》らかにするものでした。また、「宝《たから》の海《うみ》のような仏《ほとけ》さまの大《おお》きな功徳《くどく》にお任《まか》せするなら、必《かなら》ず浄土《じょうど》の仲間数《なかまかず》に入《はい》ることができます」と申《もう》されました。更《さら》に、「命終《いのちお》えると共《とも》に蓮《はす》の花咲《はなさ》くお浄土《じょうど》に生《う》まれたならば、すぐさま阿弥陀《あみだ》さまと同《おな》じ真理《しんり》を悟《さと》った仏《ほとけ》の身《み》と成《な》るのです。その後《あと》は苦《くる》しみ悩《なや》む迷《まよ》いの世界《せかい》に還《かえ》り、今度《こんど》は神通力《じんずうりき》をいただき、人間《にんげん》の知恵《ちえ》や知識《ちしき》を超《こ》えた仏《ほとけ》として、迷《まよ》える人々《ひとびと》を救《すく》い導《みちび》く身《み》と成《な》るのです」と諭《さと》されました。

⑦

本師《ほんし》曇鸞《どんらん》梁天子《りょうてんし》・常向《じょうこう》鸞処《らんしょ》菩薩《ぼさつ》礼《らい》・三蔵《さんぞう》流支《るし》授《じゅ》浄教《じょうきょう》・

焚焼《ぼんじょう》仙経《せんぎょう》帰《き》楽邦《らくほう》・天親《てんじん》菩薩《ぼさつ》論註《ろんちゅう》解《げ》・報土《ほうど》因果《いんが》顕《けん》誓願《せいがん》・

往還《おうげん》回向《ねこう》由《ゆ》他力《たりき》・正定《しょうじょう》之《し》因《いん》唯《ゆい》信心《しんじん》・惑染《わくぜん》凡夫《ぼんぶ》信心《しんじん》発《ぽつ》・

証知《しょうち》生死《しょうじ》即《そく》涅槃《ねはん》・必至《ひっし》無量《むりょう》光明土《こうみょうど》・諸有《しょう》衆生《しゅじょう》皆《かい》普化《ふけ》・

― 曇鸞大師《どんらんだいし》 ―

⑦　第三祖《だいさんそ》、浄土門《じょうどもん》の師《し》である中国《ちゅうごく》の曇鸞大師《どんらんだいし》は、梁《りょう》の国王《こくおう》から菩薩《ぼさつ》と尊敬《そんけい》されておられました。国王《こくおう》は常《つね》に菩薩《ぼさつ》の居《お》られる処《ところ》へ、体《からだ》を向《む》け礼拝《らいはい》されていました。大師《だいし》は当初《とうしょ》、不老長寿《ふろうちょうじゅ》を求《もと》めた術《じゅつ》を伝授《でんじゅ》されていました。けれども、三蔵法師《さんぞうほうし》の菩提流支《ぼだいるし》から浄土《じょうど》の教典《きょうてん》を授《さず》けられた後《のち》は、仙人《せんにん》の経典《きょうてん》を焼《や》き捨《す》て浄土《じょうど》の教《おし》えに帰依《きえ》されました。更《さら》に、大師《だいし》は天親菩薩《てんじんぼさつ》の『浄土論《じょうどろん》』の注釈書《ちゅうしゃくしょ》『往生論註《おうじょうろんちゅう》』を著《あらわ》され、「私《わたし》たちが浄土《じょうど》に生《う》まれるわけも、仏《ほとけ》さまの救《すく》わずにはおれない願《ねが》いによる。また、この世《よ》に還《かえ》って迷《まよ》える人々《ひとびと》を救《すく》うのも、すべて阿弥陀《あみだ》さまの他力《たりき》によるおはたらきです」と注《ちゅう》釈《しゃく》されました。そして、「この他力念仏《たりきねんぶつ》を信《しん》ずる心《こころ》だけが、悟《さと》りを開《ひら》く正《ただ》しい教《おし》えなのです。ですから、迷《まよ》いに染《そ》まった人々《ひとびと》も、一度信心《いちどしん》ずる心《こころ》を起《お》こしたならば、迷《まよ》いのままに悟《さと》りを開《ひら》いて必《かなら》ずお浄土《じょうど》に至《いた》り、今度《こんど》は仏《ほとけ》と成《な》って娑《しゃ》婆世界《ばせかい》に還《かえ》り、すべての人々《ひとびと》を皆教化《みなきょうけ》する身《み》と成《な》るのです」と諭《さと》されました。

⑧

道《どう》綽《しゃっ》決《けつ》聖《しょう》道《どう》難《なん》証《しょう》・唯《ゆい》明《みょう》浄《じょう》土《ど》可《か》通《つう》入《にゅう》・万《まん》善《ぜん》自《じ》力《りき》貶《へん》勤《ごん》修《しゅ》・

円《えん》満《まん》徳《とく》号《ごう》勧《かん》専《せん》称《しょう》・三《さん》不《ぷ》三《さん》信《しん》誨《け》慇《おん》懃《ごん》・像《ぞう》末《まつ》法《ほう》滅《めつ》同《どう》悲《ひ》引《いん》・

一《いっ》生《しょう》造《ぞう》悪《あく》値《ち》弘《ぐ》誓《ぜい》・至《し》安《あん》養《にょう》界《がい》証《しょう》妙《みょう》果《か》・

—道《どう》綽《しゃく》禅《ぜん》師《じ》—

⑧第四祖《だいよんそ》、中国《ちゅうごく》の道綽禅師《どうしゃくぜんじ》は『安楽集《あんらくしゅう》』を著《あらわ》されました。そこには修行《しゅぎょう》で成仏《じょうぶつ》する自力聖道門《じりきしょうどうもん》の教《おし》えが難《むずか》しいのに対《たい》し、お念仏《ねんぶつ》をいただく他力浄《たりきじょう》土門《どもん》の教《おし》えは浄土《じょうど》に通《つう》ずる道《みち》と、二門《にもん》の違《ちが》いを明《あき》らかにされています。そして、善行《ぜんぎょう》をたくさん積《つ》み成仏《じょうぶつ》しようとする、自力《じりき》の教《おし》えを退《しりぞ》けられました。更《さら》に、あらゆる徳《とく》をそなえたお名号《みょうごう》を、専《もっぱ》ら称《とな》えなさいと勧《すす》められました。また、三《みっ》つの正《ただ》しい信心《しんじん》の姿《すがた》とされる三信《さんしん》【素直《すなお》に信《しん》ずる心《こころ》・疑《うたが》いのない心《こころ》・ひたむきに持続《じぞく》する心《こころ》】と、そうでない反対《はんたい》の信心《しんじん》とに分《わ》け、明確《めいかく》に示《しめ》されました。お釈迦《しゃか》さまがご入滅《にゅうめつ》された後《あと》も、その教《おし》えはずっと後世《こうせい》にも引《ひ》き継《つ》がれています。ですから、「私《わたし》たちは一生悪《いっしょうあく》をつくり続《つづ》けても、阿弥陀《あみだ》さまの尊《とうと》いご本願《ほんがん》に出遇《であ》いお任《まか》せすれば、必《かなら》ずお浄土《じょうど》に生《う》まれ、仏《ほとけ》の悟《さと》りを開《ひら》かせていただけるのです」と説《と》かれました。こうして他力念仏《たりきねんぶつ》の教《おし》えこそ、阿弥陀《あみだ》さまの救《すく》わずにはおれない尊《とうと》いお導《みちび》きと諭《さと》されました。

⑨

善《ぜん》導《どう》独《どく》明《みょう》仏《ぶっ》正《しょう》意《い》・矜《こう》哀《あい》定《じょう》散《さん》与《よ》逆《ぎゃく》悪《あく》・光《こう》明《みょう》名《みょう》号《ごう》顕《けん》因《いん》縁《ねん》・
開《かい》入《にゅう》本《ほん》願《がん》大《だい》智《ち》海《かい》・行《ぎょう》者《じゃ》正《しょう》受《じゅ》金《こん》剛《ごう》心《しん》・慶《きょう》喜《き》一《いち》念《ねん》相《そう》応《おう》後《ご》・
与《よ》韋《い》提《だい》等《とう》獲《ぎゃく》三《さん》忍《にん》・即《そく》証《しょう》法《ほっ》性《しょう》之《し》常《じょう》楽《らく》・

— 善《ぜん》導《どう》大《だい》師《し》 —

⑨　第五祖《だいごそ》、中国《ちゅうごく》の善導大師《ぜんどうだいし》は『観経疏《かんぎょうしょ》』を著《あらわ》し、今《いま》まで聖道門《しょうどうもん》で誤解《ごかい》されていた『観無量寿経《かんむりょうじゅきょう》』の意味解釈《いみかいしゃく》を、率先《そっせん》して正《ただ》しく改《あらた》め直《なお》し、浄土往生《じょうどおうじょう》の真意《しんい》を明《あき》らかにされました。それは自力善行《じりきぜんぎょう》を積《つ》む人《ひと》も罪深《つみぶか》い悪人《あくにん》も、皆分《みなわ》け隔《へだ》てなく平等《びょうどう》にあわれみ、阿弥陀《あみだ》さまの放《はな》たれる光明《こうみょう》と、南無阿弥陀仏《なもあみだぶつ》のお名号《みょうごう》に包《つつ》まれ、浄土《じょうど》に救《すく》われるという尊《とうと》いご本願《ほんがん》でした。そして、「大海《たいかい》のように阿弥陀《あみだ》さまが開《ひら》かれた広大《こうだい》な智慧《ちえ》の海《うみ》に入《はい》れば、念仏《ねんぶつ》する人々《ひとびと》は金剛石《こんごうせき》のように、固《かた》くぶれない信心《しんじん》を受《う》けられます。その喜《よろこ》びは阿弥陀《あみだ》さまの願《ねが》いと一《ひと》つになっていくのです。そうすれば『観無量寿経《かんむりょうじゅきょう》』の中《なか》で、浄土《じょうど》に往生《おうじょう》するお導《みちび》きを喜《よろこ》ばれた韋提希夫人《いだいけぶにん》と同《おな》じように、三忍《さんにん》【仏法《ぶっぽう》を聴《き》き安心《あんしん》して喜《よろこ》ぶ心《こころ》・信心《しんじん》のおいわれを明《あき》らかに知《し》る心《こころ》・仏《ほとけ》の願《ねが》いを疑《うたが》いなく信《しん》ずる心《こころ》】を得《え》られます。すると、そのままお浄土《じょうど》に生《う》まれ悟《さと》りを開《ひら》き、いつまでも安楽《あんらく》な世界《せかい》が開《ひら》かれます」と諭《さと》されました。

⑩ 源《げん》信《しん》広《こう》開《かい》一《いち》代《だい》教《きょう》・偏《へん》帰《き》安《あん》養《にょう》勧《かん》一《いっ》切《さい》・専《せん》雑《ぞう》執《しゅう》心《しん》判《はん》浅《せん》深《じん》・

報《ほう》化《け》二《に》土《ど》正《しょう》弁《べん》立《りゅう》・極《ごく》重《じゅう》悪《あく》人《にん》唯《ゆい》称《しょう》仏《ぶつ》・我《が》亦《やく》在《ざい》彼《ひ》摂《せっ》取《しゅ》中《ちゅう》・

煩《ぼん》悩《のう》鄣《しょう》眼《げん》雖《すい》不《ふ》見《けん》・大《だい》悲《ひ》無《む》倦《けん》常《じょう》照《しょう》我《が》・

— 源信《げんしん》和尚《かしょう》 —

⑩　第六祖《だいろくそ》、我《わ》が国日本《くににほん》の源信和尚《げんしんかしょう》は恵心僧都《えしんそうず》ともよばれ、お釈迦《しゃか》さま一代《いちだい》の教《おし》えを広《ひろ》く説《と》き開《ひら》き、『往生要集《おうじょうようしゅう》』という書物《しょもつ》を著《あらわ》されました。和尚《かしょう》はその中《なか》で、ひたすら極楽浄土《ごくらくじょうど》に生《う》まれる教《おし》えを、あらゆる人々《ひとびと》にも勧《すす》められました。そして、専《もっぱ》ら他力《たりき》の念仏《ねんぶつ》を信《しん》ずる心《こころ》は深《ふか》く、自力《じりき》のはからいに混《ま》じった心《こころ》は浅《あさ》いと判別《はんべつ》し明言《めいげん》されました。更《さら》に、他力《たりき》の信者《しんじゃ》は仏《ほとけ》さまの真実《しんじつ》の願《ねが》いに報《むく》われてできた浄土《じょうど》に生《う》まれる。それに対《たい》し、自力《じりき》の信者《しんじゃ》は方便《ほうべん》の願《ねが》いによって、仮《かり》に現《あら》われた化土《けど》に生《う》まれると、報土《ほうど》と化土《けど》にははっきり言《い》い分《わ》けられました。また、極重悪人《ごくじゅうあくにん》とよばれる私《わたし》たちに、「ただひたすら南無阿弥陀仏《なもあみだぶつ》のお念仏《ねんぶつ》を称《とな》えなさい」と申《もう》されました。そうして「私源信《わたくしげんしん》もまた、阿弥陀《あみだ》さまの必《かなら》ず救《すく》う光明《こうみょう》に照《て》らされていながら、煩悩《ぼんのう》による迷《まよ》いの眼《め》で遮《さえぎ》られ見《み》えなくても、阿弥陀《あみだ》さまの大《おお》きな慈悲《じひ》の光明《こうみょう》は、飽《あ》きることなく常《つね》に私《わたし》たちを照《て》らしておられるのです」と諭《さと》されました。

⑪

本《ほん》師《し》源《げん》空《く》明《みょう》仏《ぶつ》教《きょう》・憐《れん》愍《みん》善《ぜん》悪《まく》凡《ぼん》夫《ぶ》人《にん》・真《しん》宗《しゅう》教《きょう》証《しょう》興《こう》片《へん》州《しゅう》・

選《せん》択《じゃく》本《ほん》願《がん》弘《ぐ》悪《あく》世《せ》・還《げん》来《らい》生《しょう》死《じ》輪《りん》転《でん》家《げ》・決《けっ》以《ち》疑《ぎ》情《じょう》為《い》所《しょ》止《し》・

速《そく》入《にゅう》寂《じゃく》静《じょう》無《む》為《い》楽《らく》・必《ひっ》以《ち》信《しん》心《じん》為《い》能《のう》入《にゅう》・弘《ぐ》経《きょう》大《だい》士《じ》宗《しゅ》師《し》等《とう》・

拯《じょう》済《さい》無《む》辺《へん》極《ごく》濁《じょく》悪《あく》・道《どう》俗《ぞく》時《じ》衆《しゅ》共《ぐ》同《どう》心《しん》・唯《ゆい》可《か》信《しん》斯《し》高《こう》僧《そう》説《せつ》

―源空聖人《げんくうしょうにん》―

⑪　第七祖《だいななそ》、源空《げんくう》（法然《ほうねん》）聖人《しょうにん》は私《わたし》にとって念仏《ねんぶつ》の師《し》であり、『選択本願念仏集《せんじゃくほんがんねんぶつしゅう》』という書物《しょもつ》を著《あら》わして、仏《ほとけ》の教《おし》えを明《あき》らかにされました。そして、善人《ぜんにん》も悪人《あくにん》も悩《なや》めるすべての者《もの》をあわれみ、その人《ひと》たちを救《すく》う真実《しんじつ》の教《おし》えを日本《にほん》で興《おこ》されました。更《さら》に、阿弥陀《あみだ》さまが選《えら》び抜《ぬ》かれた尊《とうと》いご本願《ほんがん》を、この悪世《あくせ》に広《ひろ》められました。また、聖人《しょうにん》は「人々《ひとびと》が車輪《しゃりん》のように迷《まよ》いの世《せ》界《かい》を回転《かいてん》して抜《ぬ》け出《だ》せないわけは、きっと阿弥陀《あみだ》さまの真実《しんじつ》の教《おし》えを疑《うたが》っているからです」と述《の》べ、続《つづ》けて「速《すみ》やかに悟《さと》りの世界《せかい》に入《はい》り、安心《あんしん》の境地《きょうち》であるお浄土《じょうど》に生《う》まれるには、必《かなら》ず阿弥陀《あみだ》さまの真実《しんじつ》の信心《しんじん》に、お任《まか》せする以外《いがい》ありません」と諭《さと》されました。このように『大無量寿経《だいむりょうじゅきょう》』の教《おし》えを広《ひろ》め受《う》け継《つ》がれた高僧方《こうそうがた》は、多《おお》くの悩《なや》める私《わたし》たちを救《すく》おうとご苦労《くろう》されました。出家《しゅっけ》のお坊《ぼう》さんも在家《ざいけ》の門信徒《もんしんと》さんも共《とも》に心《こころ》を同《おな》じくして、ただひたすら七高僧《しちこうそう》の解釈《かいしゃく》を信《しん》じ、伝《つた》えて来《こ》られたお諭《さと》しを讃《たた》えずにはおれません。

念《ねん》仏《ぶつ》

仏《ほとけ》さまのお名《な》まえを称《とな》えること。

南無阿弥陀仏
南無阿弥陀仏
南無阿弥陀仏
南無阿弥陀仏
南無阿弥陀仏
南無阿弥陀仏

回《え》向《こう》

阿弥陀《あみだ》さまが私《わたし》たちにさし向《む》けてくださる願《ねが》い。

願以此功徳《がんにしくどく》

願《ねが》わずにおれないのは、この仏《ほとけ》の功徳《くどく》をもって、

平等施一切《びょうどうせいっさい》

世《よ》のすべてのものが平等《びょうどう》に救《すく》われるよう施《ほどこ》され、

同発菩提心《どうほツぼだいしん》

仏《ほとけ》さまの悟《さと》りである菩提《ぼだい》と同《おな》じ心《こころ》を起《お》こして、

往生安楽国《おうじょうあんらっこく》

極楽浄土《ごくらくじょうど》に生《う》まれさせようとすることである。

訳者略歴

松下　雅文（まつした　つねふみ）

浄土真宗本願寺派 松寿山祐西寺 前住職

龍谷大学文学部国文学科卒業

元東山中学・高等学校国語科教諭

著書『字解きで学ぶ仏教語』（探究社、2015年）

『現代語訳正信偈』（共著、探究社、2012年）

題　字　角屋　あづさ

表紙絵　［六鳥《りくちょう》］松下　雅文

本文挿図

誕生釈迦仏立像

出典：ColBase（https://colbase.nich.go.jp/）

七高僧像

真宗大谷派（東本願寺）

寺院用授与物「七高僧御影」より転載

親鸞聖人偈頌意訳本

正信念仏物語

二〇二二年一二月二〇日　初版第一刷発行

訳　者　松下雅文

発行者　西村明高

発行所　株式会社 法藏館

京都市下京区正面通烏丸東入

〒六〇〇―八一五三

電話　〇七五―三四三―〇〇三〇（編集）

〇七五―三四三―五六五六（営業）

ブックデザイン　名子デザイン事務所

印刷・製本　中村印刷株式会社

ISBN978-4-8318-9034-4　C0015

9784831890344

1920015002006

ISBN978-4-8318-9034-4
C0015 ￥200E

定価：本体200円（税別）